BLAZERS™
Bilingüe/Bilingual

Caballos de Fuerza/ Horsepower

Autos Lowriders/ Lowriders

por/by Matt Doeden

Consultora de Lectura/Reading Consultant:

Barbara J. Fox

Especialista en Lectura/Reading Specialist

Universidad del Estado de Carolina del Norte/

North Carolina State University

Capstone
press®

Mankato, Minnesota

Blazers is published by Capstone Press,
151 Good Counsel Drive, P.O. Box 669, Mankato, Minnesota 56002.
www.capstonepress.com

Library of Congress Cataloging-in-Publication Data
Doeden, Matt.
  [Lowriders. Spanish & English]
  Autos lowriders/por Matt Doeden = Lowriders/by Matt Doeden.
  p. cm.—(Blazers—caballos de fuerza = Blazers—horsepower)
  Includes index.
  ISBN-13: 978-0-7368-6635-4 (hardcover)
  ISBN-10: 0-7368-6635-3 (hardcover)
  1. Lowriders—Juvenile literature. I. Title: Lowriders. II. Title. III.
Series: Blazers—caballos de fuerza.
TL255.2.D6418 2007
629.28'72—dc22   2006008482

Summary: Discusses lowriders and their main features—in both
  English and Spanish.

Editorial Credits
Erika L. Shores, editor; Jason Knudson, set designer; Patrick D.
  Dentinger, book designer; Wanda Winch, photo researcher;
  Scott Thoms, photo editor; settingPace LLC, production
  services; Strictly Spanish, translation services

Photo Credits
Photo courtesy of Alex Navarro, 6–7
Ron Kimball Stock/Ron Kimball, cover, 10–11, 12, 13, 14, 15, 16–17,
  18–19, 20–21, 22–23, 24–25, 26–27, 28–29
straightclownin/Jose Romero, 4–5, 8–9

1 2 3 4 5 6 11 10 09 08 07 06

TABLE OF CONTENTS

TABLA DE CONTENIDOS

LOWRIDERS/ AUTOS LOWRIDERS

A crowd gathers in a parking lot. A lowrider pulls up. Loud music blasts from the stereo.

El público se reúne en un estacionamiento. Llega un auto lowrider. El estéreo toca música a todo volumen.

Nearby, a car owner uses a remote control to make a lowrider dance and hop. The crowd cheers.

Cerca, el dueño de un auto usa un control remoto para hacer que su auto lowrider baile y brinque. El público grita y aplaude.

Later, people gather for a jumping contest. Judges measure how high the car bounces off the ground.

Más tarde, el público se reúne para un concurso de salto. Los jueces miden la altura del salto del auto.

Lowrider Design/ Diseño de los autos lowriders

Lowriders ride low to the ground. Owners change the suspension systems to get the cars as close to the ground as possible.

Los autos lowriders son bajitos. Los dueños les cambian los sistemas de suspensión para que los autos estén tan cerca del suelo como sea posible.

Some owners add hydraulic systems. These pumps raise and lower a car. Drivers control the pumps with switches.

Algunos dueños les ponen sistemas hidráulicos. Estas bombas levantan y bajan un auto. Los conductores controlan las bombas con interruptores.

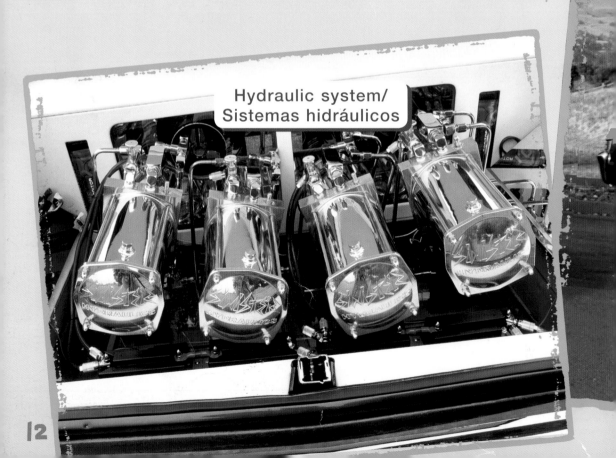

Hydraulic system/
Sistemas hidráulicos

BLAZER FACT

Some owners use air bags instead of hydraulic systems to raise and lower their lowriders.

DATO BLAZER

Algunos dueños usan bolsas de aire en lugar de sistemas hidráulicos para levantar y bajar sus autos lowriders.

Many lowrider owners add brightly
colored rims to the wheels of their cars.

Muchos dueños de autos lowriders
les ponen rines de vistosos colores a las
ruedas de sus autos.

BLAZER FACT

The 1964 Chevrolet Impala is one of the most common lowrider car models.

DATO BLAZER

El Chevrolet Impala de 1964 es uno de los modelos más comunes de auto lowrider.

Rim/Rin

Lowrider Diagram/ Diagrama de un auto lowrider

Engine/
Motor

Steering wheel/
Volante

Rim/
Rin

Custom paint/
Pintura personalizada

Suspension spring/
Resorte de suspensión

Outside Details/ Detalles Exteriores

Many lowriders have custom paint jobs. Owners paint designs or pictures on their cars.

Muchos autos lowriders tienen pintura personalizada. Los dueños pintan diseños o dibujos en sus autos.

Some owners add doors that open backward. Other owners remove the tops from their lowriders.

Algunos dueños les añaden puertas que se abren al revés. Otros le quitan el techo a sus autos lowriders.

Owners want their engines to look good. They add new chrome parts. Some owners paint designs under the hood.

Los dueños quieren que sus motores se vean bien. Añaden nuevas piezas cromadas. Algunos dueños pintan diseños debajo del capó.

Inside Details/ Detalles Interiores

Lowrider owners also work on the inside and trunks of their cars. They add sound systems that can be heard from blocks away.

Los dueños de autos lowriders también trabajan en la parte interior y en las cajuelas de sus autos. Añaden sistemas de sonido que se escuchan desde varias calles de distancia.

Speaker/
Altavoz

Owners cover the inside with soft fabric. They make their lowriders unlike any other car.

Los dueños cubren el interior con tela suave. Hacen que sus autos lowriders sean diferentes a los demás autos.

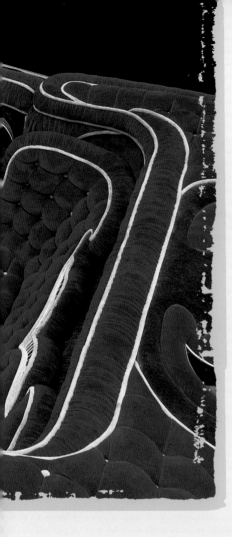

BLAZER FACT

One famous lowrider had an aquarium with fish inside the car.

DATO BLAZER

Un famoso auto lowrider tenía un acuario con peces dentro del auto.

HYDRAULICS IN ACTION! / ¡HIDRÁULICA EN ACCIÓN!

Glossary

chrome—a coating of a metallic substance called chromium; chrome gives objects a shiny, metallic appearance.

custom—specially done or made

hydraulic system—a system of pumps powered by fluid forced through chambers or pipes; the hydraulic system raises and lowers the car.

rim—the outer decorative part of a wheel

suspension system—the system of springs and shock absorbers that absorbs a car's up-and-down movements

Internet Sites

FactHound offers a safe, fun way to find Internet sites related to this book. All of the sites on FactHound have been researched by our staff.

Here's how:

1. Visit *www.facthound.com*
2. Choose your grade level.
3. Type in this book ID **0736866353** for age-appropriate sites. You may also browse subjects by clicking on letters, or by clicking on pictures and words.
4. Click on the **Fetch It** button.

FactHound will fetch the best sites for you!

GLOSARIO

el cromo—un recubrimiento de una sustancia metálica llamada cromo; el cromo les da a los objetos una apariencia metálica brillosa.

personalizado—hecho especialmente

el rin—la parte decorativa exterior de una rueda

el sistema hidráulico—un sistema de bombas que funcionan en base a un fluido que pasa por cámaras o tubos; el sistema hidráulico levanta y baja el auto.

el sistema de suspensión—el sistema de resortes y amortiguadores que absorbe los movimientos de ascenso y descenso del auto

SITIOS DE INTERNET

FactHound proporciona una manera divertida y segura de encontrar sitios de Internet relacionados con este libro. Nuestro personal ha investigado todos los sitios de FactHound. Es posible que los sitios no estén en español.

Se hace así:

1. Visita *www.facthound.com*
2. Elige tu grado escolar.
3. Introduce este código especial **0736866353** para ver sitios apropiados según tu edad, o usa una palabra relacionada con este libro para hacer una búsqueda general.
4. Haz clic en el botón **Fetch It.**

¡FactHound buscará los mejores sitios para ti!

INDEX

ÍNDICE